ALPHABET.

Vic, Impr. de R. GABRIEL.

A VIC,

Chez R. GABRIEL, Imprimeur-Libraire.

1830.

(1190)

19675

A B C.

— *a b c d e f*
g h i j k l m n
o p q r s t u v x
y z ç w œ œ ff
fi ffi fl ffl.

A B C D E
F G H I J K
L M N O P Q R
S T U V X Y Z.
Ç Æ OE W.

† a b c d e f g h i j k l m ñ
o p q r s t u v x y z . ç ff
fi ffi fl ffl æ œ w.

† *a b c d e f g h i j k l m*
n o p q r s t u v x y z. ç ff
fi ffi fl ffl æ œ w.

SYLLABES.

ba	be	bi	bo	bu
ca	ce	ci	co	cu
da	de	di	do	du
fa	fe	fi	fo	fu
ga	ge	gi	go	gu
ha	he	hi	ho	hu
ja	je	ji	jo	ju
la	le	li	lo	lu
ma	me	mi	mo	mu
na	ne	ni	no	nu
pa	pe	pi	po	pu
qua	que	qui	quo	quu.
ra	re	ri	ro	ru
sa	se	si	so	su
ta	te	ti	to	tu
va	ve	vi	vo	vu
xa	xe	xi	xo	xu
za	ze	zi	zo	zu

L'Oraison Dominicale.

NOTRE Père qui êtes aux cieux, que votre nom soit sancti-fié; que votre règne arrive, que votre volonté soit faite sur la terre

comme dans le
Ciel. Donnez-
nous aujourd'hui
notre pain de
chaque jour ; par-
donnez-nous nos
offenses, comme
nous pardonnons
à ceux qui nous
ont offensés ; et

ne nous laissez
pas succomber à
la tentation; mais
délivrez-nous du
mal. Ainsi soit-il.

La Salutation An-gélique.

JE vous salue, Marie, pleine de grâces, le Seigneur est avec vous : vous êtes bénie entre toutes les femmes, et Jésus le fruit de vos entrailles est béni.

Sainte Marie, Mère de Dieu, priez pour nous pauvres pécheurs, maintenant et à l'heure de notre mort. Ainsi soit-il.

A 5

Le Symbole des Apôtres.

JEcroisenDieu, le père tout-puissant, Créateur du ciel et de la terre ; et en Jésus – Christ son fils unique notre Seigneur, qui a été conçu du Saint Esprit, est né de la Vierge Marie, a souffert sous Ponce—Pilate, a été crucifié, est mort, a été enseveli; est descendu aux en—

A 6

fers, le troisième jour est ressus- cité des morts; est monté aux cieux, est assis à la droite de Dieu le Père tout- puissant, d'où il viendra juger les vivans et les morts.

Je crois au
Saint Esprit, la
Sainte Eglise ca-
tholique, la
Communion des
Saints, la rémis-
sion des péchés,
la résurrection de
la chair, la vie
éternelle. Ainsi
soit-il.

La Confession des péchés.

JE me confesse à Dieu tout-puissant, à la bienheureuse Marie, toujours Vierge, à Saint Michel Archange, à St—Jean — Baptiste,

aux Apôtres St-
Pierre et St-Paul,
à tous les Saints,
parce que j'ai
beaucoup péché
par pensées, par
paroles et par ac-
tions. J'ai péché
par ma faute, par
ma faute, par ma

très-grande faute.
C'est pourquoi je
supplie la bien-
heureuse Marie,
toujours Vierge,
Saint Michel Ar-
change, St-Jean-
Baptiste, les Apô-
tres St-Pierre et
St-Paul, et tous

les Saints, de prier pour moi le Seigneur notre Dieu.

Bénédiction de la Table.

O DIEU, qui nous présentez les biens nécessaires pour nourrir

rir notre corps, daignez y répandre votre Sainte Bénédiction, et faites-nous la grâce d'en user sobrement. Au nom du Père, et du Fils, et du Saint Esprit. Ainsi soit-il.

Les grâces après le repas.

SEIGNEUR , nous
vous rendons
nos très-humbles
actions de grâces
des biens que
vous nous avez
donnés pour la
nourriture de no-

tre corps, qu'il vous plaise de nourrir aussi notre âme de votre grâce dans l'espérance de la vie éternelle. Par Jésus-Christ, notre Seigneur.

Que les âmes

de nos parens,
de nos amis, et
de tous les fidèles
qui sont morts,
reposent en paix
par la miséricor-
de de Dieu.

CONVERSION DE L'AME

A DIEU.

O mon âme! regrette tes péchés! sors de tes iniquités! et, sans perdre un moment, cherche ta conversion! Le passé n'est plus; l'avenir n'est point en ton pouvoir; et le présent t'est donné pour servir Dieu et gagner l'éternité.

Considère, pour régler ta conduite, un Dieu, un moment, et une éternité.

Dieu te regarde, un moment n'est rien, et l'éternité t'attend.

Dieu est tout, un moment n'est rien, et l'éternité t'ôte ou te donne tout pour jamais.

Pense donc à Dieu pour le mieux servir, au moment qu'il te laisse pour obtenir une éternité heureuse.

Prière.

O Dieu de bonté! prenez possession de mon cœur! bannissez-en le péché, et tout ce qui peut vous déplaire en lui; afin que je vous serve fidellement le reste de ma vie, et que je mérite de vous posséder dans l'éternité. Ainsi soit-il.

www.ingramcontent.com/pod-product-compliance
Lightning Source LLC
Chambersburg PA
CBHW070746280326
41934CB00011B/2817